BEI GRIN MACHT SICH IHR WISSEN BEZAHLT

AF140738

- Wir veröffentlichen Ihre Hausarbeit,
  Bachelor- und Masterarbeit

- Ihr eigenes eBook und Buch -
  weltweit in allen wichtigen Shops

- Verdienen Sie an jedem Verkauf

Jetzt bei www.GRIN.com hochladen
und kostenlos publizieren

Bibliografische Information der Deutschen Nationalbibliothek:

Die Deutsche Bibliothek verzeichnet diese Publikation in der Deutschen National-
bibliografie; detaillierte bibliografische Daten sind im Internet über http://dnb.d-
nb.de/ abrufbar.

Impressum:

Copyright © 2018 GRIN Verlag
Druck und Bindung: Books on Demand GmbH, Norderstedt Germany
ISBN: 9783668980082

Dieses Buch bei GRIN:

https://www.grin.com/document/490893

Allan Kister

Trainingsplan für einen Mann. Makro- und Mesozyklus, Krafttestung und Zielsetzung

GRIN Verlag

GRIN - Your knowledge has value

Der GRIN Verlag publiziert seit 1998 wissenschaftliche Arbeiten von Studenten, Hochschullehrern und anderen Akademikern als eBook und gedrucktes Buch. Die Verlagswebsite www.grin.com ist die ideale Plattform zur Veröffentlichung von Hausarbeiten, Abschlussarbeiten, wissenschaftlichen Aufsätzen, Dissertationen und Fachbüchern.

Besuchen Sie uns im Internet:

http://www.grin.com/

http://www.facebook.com/grincom

http://www.twitter.com/grin_com

Deutsche Hochschule für
Prävention und Gesundheitsmanagement

Einsendeaufgabe

Fachmodul: Trainingslehre I

Studiengang: Bachelor of Arts - Fitnessökonomie

Name, Vorname: Kister, Allan

Studienort: **Frankfurt**

Semester: **Wintersemester 2017**

Inhaltsverzeichnis

1 Diagnose

1.1 Allgemeine und biometrische Daten

Die Daten zur Person werden nachfolgend tabellarisch dargestellt.

Tabelle 1: Allgemeine und biometrische Daten

Alter	38 Jahre
Geschlecht	männlich
Körpergröße	178 cm
Körpergewicht	71 kg
Trainingsmotive	Schmerzfreier Rücken Muskelaufbau Schnelligkeit und Kraft im Oberkörper für das Tischtennis spielen
Berufliche Tätigkeit	Industriekaufmann in einem Logistik-Unternehmen im Bereich Controlling sitzende Tätigkeit
Aktuelle sportliche Aktivität	Tischtennis 1x wöchentlich, ca. 1,5 Stunden
Frühere sportliche Aktivität	Fahrrad fahren, Joggen
Zeitbudget	2x wöchentlich, ca. 1,5 Stunden
Blutdruck	125/82 mmHg
Orthopädische Probleme	Rückenschmerzen (ärztliche Empfehlung zur Stärkung der Rückenmuskulatur)
Internistische Probleme	keine
Ärztliche Behandlungen	keine
Einnahme von Medikamenten	keine

Quelle: Eigene Darstellung

1.1.1 Blutdruck

Mithilfe einer Blutdruckmanschette wird der Blutdruck der Person ermittelt. Der ermittelte Blutdruckwert liegt bei 125/82 mmHg. Aus der unten abgebildeten Tabelle 2 lässt sich erschließen, dass der systolische Blutdruckwert von 125 mmHg und auch der dias-

3

tolische Blutdruckwert von 82 mmHg im Normbereich (Bewertungsstufe „Normal")
liegen.

Tabelle 2: Definition und Klassifikation von Blutdruckwerten (mmHg)[a]

Bewertungsstufen	Systolischer Blut-druck		Diastolischer Blut-druck
Optimal	< 120	und	< 80
Normal	120-129	und/oder	80-84
Hochnormal	130-139	und/oder	85-89
Stufe 1 Hypertonie	140-159	und/oder	90-99
Stufe 2 Hypertonie	160-179	und/oder	109-109
Stufe 3 Hypertonie	≥ 180	und/oder	≥ 110
Isolierte systolische Hyper-tonie	≥ 140	und	< 90

[a] *Die Kategorie Blutdruck (BP) wird durch die höchste Stufe des BP definiert, unabhängig davon, ob es sich um einen systolischen Blutdruck oder diastolisch Blutdruck handelt. Isolierte systolische Hypertonie sollte nach 1, 2 oder 3 gemäß den systolischen Blutdruckwerten in den angegebenen Bereichen bewertet werden.*
Quelle: Mancia et. al(. 2013: 1286)

1.2 Krafttestung

1.2.1 Auswahl und Begründung

Da die Person Trainingseinsteiger ist, kommt eine Krafttestung in Hinblick auf einen
Maximalkrafttest nicht infrage. Nach den allgemeinen und biometrischen Daten hat die
Person Beschwerden im Rücken, wodurch solch eine Testung gesundheitlich bedenklich
ist. Nach Zimmer (1999: 28) gilt für eine untrainierte Person ein Messverfahren zu nutz-
ten, welches der Kraftsportler unter Vorgabe einer bestimmten Wiederholungszahl
(bzw. eines Trainingsziels) unter der Berücksichtigung aller Abbruchkriterien gerade
noch bewältigen kann. Somit wird für die Krafttestung der Mehrwiederholungstest X-
RM genutzt. Durch diesen Test soll das Trainingsgewicht für die spätere Trainingsplanung ermittelt werden.

1.2.2 Detaillierter Testablauf

Der Mehrwiederholungstest wird an folgenden Geräten durchgeführt: Bauchmaschine
sitzend, Rückenstreckermaschine, Rotationsmaschine, Rudernmaschine, Latzug, Brustpresse, Beinpresse sitzend, Beincurls sitzend. Für den späteren Trainingsplan des ersten
Mesozykluses wird der Test mit 15 Wiederholungen durchgeführt. Das Gewicht wird

anhand des subjektiven Empfindens des Trainers für die Testperson festgelegt. Erreicht der Proband die vorgegebene Wiederholungszahl, wird das Gewicht in weiteren Testsätzen erhöht. Zwischen den Testsätzen gibt es eine dreiminütige Pause, um einen Erholungseffekt zu gewährleisten (Fröhlich 1999: 47). Sollte die Person die maximal zu erreichende Wiederholungszahl nicht mehr erreichen, ist der Test beendet. Als Testergebnis wird der letzte Testsatz mit der vorgegebenen Wiederholungszahl und dem entsprechenden Gewicht schriftlich festgehalten. Bevor die Krafttestung beginnt, findet ein zehnminütiges Aufwärmen am Crosstrainer statt.

Die Testperson beginnt den Krafttest an der Bauchmaschine sitzend. Für den ersten Testsatz werden 25 kg festgelegt. Dabei führt die Testperson den ersten Satz mit 15 Wiederholungen aus. Der zweite Testsatz wird mit 30 kg durchgeführt. Dieser Testsatz wird mit 15 Wiederholungen abgeschlossen. Der dritte Testsatz wird mit 35 kg durchgeführt. Dabei werden nur noch zwölf Wiederholungen erreicht. Als Testergebnis kommen 30 kg heraus.

Der zweite Krafttest wird an der Rückenstreckermaschine durchgeführt. Den ersten Testsatz führt die Person mit 15 Wiederholungen bei einem Gewicht von 30 kg aus. Das Gewicht wird für den zweiten Testsatz auf 35 kg erhöht. Schon beim zweiten Testsatz schafft die Person nur noch 13 Wiederholungen. Das Testergebnis sind 30 kg bei 15 Wiederholungen.

Als dritter Krafttest kommt die Rotationsmaschine zum Einsatz. Für den ersten Testsatz wird ein Gewicht von 25 kg gewählt. Im ersten Satz schafft die Testperson 15 Wiederholungen. Beim zweiten Testsatz werden bei einem Gewicht von 30 kg erneut 15 Wiederholungen erreicht. Auch beim dritten Testsatz schafft die Person mit 35 kg 15 Wiederholungen. Nur noch elf Wiederholungen werden beim vierten Testsatz bei einem Gewicht von 40 kg erreicht. Als Testergebnis kommen 35 kg heraus.

Der vierte Krafttest wird an der Rudermaschine durchgeführt. Beim ersten Testsatz wird das Gewicht auf 20 kg gesetzt. Die Testperson erreicht 15 Wiederholungen. Das Gewicht wird nun auf 25 kg erhöht. Hierbei schafft die Person wieder 15 Wiederholungen. Im dritten Testsatz soll die Testperson ein Gewicht von 30 kg mit 15 Wiederholungen schaffen. Hier erreicht die Person zwölf Wiederholungen. Das Testergebnis sind 25 kg.

Der fünfte Krafttest findet an der Latzugmaschine statt. Beim ersten Testsatz beginnt die Testperson mit 30 kg und schafft 15 Wiederholungen. Für den zweiten Testsatz wird das Gewicht auf 35 kg gesetzt. Wieder schafft die Person 15 Wiederholungen. Auf 40 kg wird das Gewicht für den dritten Testsatz gesetzt. Diesmal schafft die Person nur noch elf Wiederholungen. Das Testergebnis sind 35 kg.

Die Brustpresse wird für den sechsten Krafttest verwendet. Für den ersten Testsatz wird das Gewicht auf 30 kg gesetzt. Die Testperson erreicht die vorgegebene Anzahl an Wiederholungen. Der nächste Testsatz soll mit 35 kg durchgeführt werden. Hier schafft die Testperson 15 Wiederholungen. Im dritten Testsatz wird das Gewicht auf 40 kg gesetzt. Hier schafft die Person wieder 15 Wiederholungen. Der vierte Testsatz wird mit 45 kg durchgeführt. Die Person erreicht nur noch zwölf Wiederholungen. Als Testergebnis kommen 40 kg heraus.

Der siebte Krafttest ist die Beinpresse sitzend. Der erste Testsatz findet mit 70 kg statt. Dabei schafft die Testperson 15 Wiederholungen. Ein Gewicht von 80 kg wird beim zweiten Testsatz eingesetzt. Hier schafft die Testperson 14 Wiederholungen. Das Testergebnis sind 70 kg.

Der achte und letzte Krafttest ist an der Beincurlmaschine sitzend. Dabei werden 15 kg werden für den ersten Testsatz genommen. Die Testperson schafft 15 Wiederholungen. Der zweite Testsatz findet mit einer Erhöhung des Gewichtes auf 20 kg statt. Wieder schafft die Testperson 15 Wiederholungen. Ein Gewicht von 25 kg wird beim dritten Testsatz eingesetzt. Die Testperson schafft hierbei zehn Wiederholungen. Das Testergebnis sind 20 kg.

1.2.3 Tabellarischer Testablauf

In einer tabellarischen Übersicht werden alle Angaben zur Krafttestung an den Messstationen dargestellt.

Tabelle 3: Tabellarischer Testablauf

Übung/Maschine	1. Testsatz	Wdh.	2. Testsatz	Wdh.	3. Testsatz	Wdh.	4. Testsatz	Wdh.	Testergebnis
Bauchmaschine sitzend	25 kg	15	30 kg	15	35 kg	12			30 kg/15 Wdh.
Rückenstreckermaschine	30 kg	15	35 kg	13					30 kg/15Wdh.
Rotationsmaschine	25 kg	15	30 kg	15	35 kg	15	40 kg	11	35kg/15 Wdh.
Rudermaschine	20 kg	15	25 kg	15	30 kg	12			25 kg/15 Wdh.
Latzugmaschine	30 kg	15	35 kg	15	40 kg	13			35 kg/15 Wdh.
Brustpresse	30 kg	15	35 kg	15	40 kg	15	45 kg	12	40 kg/15 Wdh.
Beinpresse sitzend	70 kg	15	80 kg	14					70 kg/15 Wdh.
Beincurls sitzend	15 kg	15	20 kg	15	25 kg	10			20 kg/15 Wdh.

Abkürzungen: Wdh. = Wiederholungen

Quelle: Eigene Darstellung

1.2.4 Schlussfolgerung

Der Einbezug eines Norm- bzw. Referenzwertes gestaltet sich durch Störgrößen schwierig. Dabei können mehrere Störgrößen einen Vergleich beeinträchtigen. Nach Eifler (2013: 136) kann die Datenerhebung an unterschiedlichen Orten schon durch die Unterschiede der Gerätebauart beeinflusst werden. Aber auch der Zeiteinfluss kann nach Eifler (2013: 132) eine Krafttestung verfälschen. Über ein standardisiertes Training könnten laut Eifler (2013: 231) weitere Trainingsmaßnahmen die Auswertung entscheidend beeinflussen.

Bei der Krafttestung wird darauf geachtet vermehrt die Rückenmuskulatur zu testen. Gerade beim Krafttest für den unteren Rücken wurden unerwartet nur zwei Testsätze erreicht. Dies kann Aufschluss darüber geben, dass die Rückenmuskulatur schwach ausgebildet sein könnte. Eine weitere Krafttestung nach dem ersten Mesozyklus wird notwendig sein, um eine Kraftentwicklung feststellen zu können und die Leistungsentwicklung zu dokumentieren. Auch der Test für die Beinmuskulatur wurde schon beim zweiten Testsatz beendet. So wird es notwendig sein, die Leistungsentwicklung der Beinmuskulatur durch einen zweiten Krafttest zu dokumentieren. Die ermittelten Ergebnisse der Krafttestung bestimmen die jeweilige Trainingsintensität für die weitere Trainingsplanung. Diese Ergebnisse werden der Testperon für den Trainingsplan des ersten Mesozykluses nützlich sein.

2 Zielsetzung/Prognose

In der nachfolgenden Tabelle 4 wird die Zielsetzung anhand von Angaben zu den Trainingsmotiven der Person dargestellt.

Tabelle 4: Ableitung der Zielsetzung

Ableitung von Zielen		
Inhalt: Muskelaufbau	Ausmaß: Muskelzuwachs von 2 kg Muskelmasse Ist-Wert: 25 kg Soll-Wert: 29 kg	Zeit: 6 Monate
Inhalt: Stärkung der Rückenmuskulatur	Ausmaß: Durch Kraftsteigerung	Zeit: 8 Wochen

Inhalt: Kraftausdauer im Oberkörper	Ausmaß: Maximale Anzahl an Liegestützen innerhalb von 30 Sekunden. Ist-Wert: 9 Liegstützen in 30 Sekunden Soll-Wert: 20 Liegstützen in 30 Sekunden	Zeit: 6 Monate

Quelle: Eigene Darstellung

2.1 Begründung Zielsetzung

Dem Wunsch der Person entsprechend ist das Ziel Rückenschmerzen zu lindern. Schwierig wird die Messung durch das subjektive Empfinden. Jedoch kann nach Weishaupt und Hofmann (1999: 60) durch eine Krafttestung das zu erreichende Ziel schriftlich festgehalten werden. In deren Studie erlangten Teilnehmer nach dem Krafttraining Schmerzlinderung und sogar Beschwerdefreiheit (Weishaupt und Hofmann 1999: 60). Die Zielvorgabe ist die Rückenmuskulatur zu stärken. Anhand der Krafttestung (X-RM) wird der Ist-Wert an den Geräten Rückenstrecker, Rudern am Gerät und Latzugmaschine schriftlich festgehalten. Nach acht Wochen wird an diesen Geräten die Krafttestung wiederholt. Hierbei soll an den ausgewählten Geräten ein höheres Gewicht als bei der ersten Krafttestung bei den maximal angegebenen Wiederholungen erreicht werden.

Laut der Diagnose möchte die Person einen Muskelzuwachs erreichen. Um den Muskelzuwachs zu ermitteln, wird als Messmethode die Bioelektrische Impedanzanalyse (BIA-Messung) herangezogen. Bei der BIA-Messung wird die Körperzusammensetzung gemessen (Pirlich et al. 2003: S15). Durch diese Messung wird der Ist-Wert mit dem späteren Soll-Wert verglichen.

Die Person gibt als Trainingsmotiv an, das diese Schnelligkeit und Kraft im Oberkörper erreichen will. Laut Bös (2017: 45) sind Liegstützen ein aussagekräftiger Test hierfür. Auch in diesem Fall wird ein Test zu Beginn des Trainings und dann nach sechs Monaten durchgeführt. Der Test gestaltet sich als leicht durchführbar. In 30 Sekunden soll die Person so viele Liegestütze wie möglich schaffen.

3   Trainingsplanung Makrozyklus

Für den Klienten wird ein Makrozyklusplan erstellt (Siehe Tabelle 5).

Tabelle 5: Trainingsplanung Makrozyklus

	Mesozyklus I	Mesozyklus II	Mesozyklus III	Mesosyklus IV
Zyklusdauer	8 Wochen	6 Wochen	6 Wochen	4 Wochen
Trainingsmethodik	Kraftausdauer	Hypertrophie	Hypertrophie	Maximalkraft
Einheiten pro Woche	2 x wöchent-lich	2 x wöchent-lich	2x wöchent-lich	2x wöchent-lich
Organisationsform	Ganzkörper/ Station	Ganzkörper/ Station	Ganzkörper/ Station	Ganzkörper/ Station
Übungen pro Muskel-gruppe	1-2	1	1	1
Sätze Pro Übung	2	3	3	3
Satzpausen	60 Sekunden	120 Sekun-den	120 Sekun-den	6 Minuten
Wiederholungsanzahlen	15-20 Wdh.	10-15 Wdh.	8-10 Wdh.	5-8 Wdh.
Bewegungstempo	2-0-2	2-0-2	2-0-2	1 – 0 - 1
Abkürzungen: Wdh. = Wiederholungen				

Quelle: Eigene Darstellung

3.1   Begründung der übergeordneten Trainingsmethoden

Die Trainingsplanung für den Makrozyklus wird anhand des Grobrasters der ILB-Methode (Individuelle–Leistungsbild-Methode) eingestuft. Das Konzept wurde von Strack und Eifler für den Fitness- und Gesundheitssport entwickelt. (Eifler 2013: 73)

Tabelle 6: Grobraster zur Trainingsplanung nach der ILB-Methode

Leistungsstufe	Zeitstufe (Monate)	Organisa-tionsform	Einheiten/ Woche	Übungen/ Muskel	Sätze/ Übung	Intensität (% X-RM*)
Orientierungs-stufe	0-1,5	GK	2	1-2	1-2	gering
Beginner	1,5-6	GK	2	1-2	1-2	50-70

Geübter	6-12	GK	2-3	1-2	2	60-80
Fortgeschrit-tener	> 12	GK/Split	3-4	1-3	2-3	70-90
Leistungstrai-nierender	> 36	GK/Split	3-6	1-4	2-6	80-100
Abkürzungen: GK = Ganzkörpertraining; Split = Split-Training; *Wiederholungszahl variiert je nach Trainingsziel						

Quelle: Eifler (2013: 74) (modifiziert nach Strack und Eifler 2005: 153)

Die Testperson hat bisher keine Erfahrung im Krafttraining und wird als Einsteiger eingestuft. Somit wird die Person im ersten Mesozyklus durch ein Kraftausdauertraining an das Training herangeführt. Für die Trainingsplanung ist das primäre Ziel die Rückenmuskulatur zu stärken.

Nach dem ersten Mesozyklus wird im zweiten und dritten Mesozyklus durch ein Hypertrophietraining der Muskelaufbau weiter angeregt. Nach Ziatsiorsky (2006: 86) ist ein Training mit hoher Belastung erforderlich.

Im letzten Mesozyklus wird die Maximalkraftkraft trainiert. Der Grundgedanke lehnt an die Aussage von Güllich und Schmidtbleicher an, die den Effekt in der Entfaltung des neuromuskulären Systems sehen (1999: 225). Durch das Maximalkrafttraining wird laut Eifler (2013: 66) die neuromuskuläre Ansteuerung (intramuskuläre Koordination) verbessert. Weiterhin werden diese Trainingsmethoden laut Eifler (2013: 66) als IK-Training bezeichnet. Nach Spring (2008: 84) kann durch dieses Training ein besseres Zusammenspiel einzelner Muskelgruppen erreicht werden. Diese Art von Training soll die Bewegungsabläufe im Tischtennis verbessern.

3.2 Begründung der Belastungsparameter

Aus der Diagnose des Klienten ergibt sich, dass dieser zweimal wöchentlich trainieren darf. Daher werden die vier Mesozyklen entsprechend angepasst.

Im Kraftausdauertraining wird überwiegend eine Übung pro Muskelgruppe durchgeführt, um die Person mit dem Gerätetraining vertraut zu machen und ein angemessenes Training zu gewährleisten. Nach Denner (1999: 35) soll in den ersten sechs Wochen auf erschöpfende Kraftbelastung verzichtet werden. Somit wird eine geringe Intensität von 50-70 % mit zwei Sätzen pro Übung gewählt.

Im weiteren Verlauf soll in den Mesozyklen 2 und 3 ein Hypertrophietraining stattfinden. Laut Wirth, Atzor und Schmidtbleicher (2007: 180) erreichen Sportler einen Zu-

11

wachs der Muskelmasse bei zwei Einheiten pro Woche. Die Anpassungsvorgänge einer submaximalen Kontraktion liegen nach Güllich und Schmidtbleicher (1999: 230) im Muskelwachstum. Deshalb wird Intensität nach einer weiteren Krafttestung X-RM für den zweiten Mesozyklus bei 50-70 % der Maximalkraft und bei drei Sätzen festgelegt. Dadurch soll die Person an die höheren Belastungsintensitäten herangeführt werden.

Das Maximalkrafttraining wird anhand der ILB-Methode ausgeführt. Entscheidend für das Training sind die Wiederholungen. Eine Überforderung ja sogar Überbelastung könnte sich negativ auf die Leistungsentwicklung auswirken. Laut Haupert (2007: 63) liegt die Wiederholungsanzahl im Bereich von fünf bis acht Wiederholungen. Dies wäre eine optimale Vorgabe für den Klienten. Aufgrund der hohen Intensität wird pro Muskelgruppe eine Übung durchgeführt.

3.3 Begründung der Organisationsform

Hinsichtlich des zeitlichen Verfügungsrahmens des Klienten wird in allen Mesozyklen ein Ganzkörpertraining gewählt. Dieses Training stellt für den Klienten eine Möglichkeit dar, alle Muskelgruppen gleichmäßig trainieren zu können. Für einen gezielten Muskelaufbau ist laut Preuß und Heiduk (2011: 39) in der Organisationsform das Stationstraining sinnvoll.

3.4 Begründung der Periodisierung

Da die Intensitäten der Belastungsparameter einem progressiven Verlauf folgen, wird die Periodisierungsform linear sein (Eifler 2013: 57). Im ersten Mesozyklus wird ein achtwöchiges Trainingsprogramm in Hinblick auf die Kräftigung der Rückenmuskulatur durchgeführt. Denn nach Eifler (2013: 34) wird auch bei Trainingseinsteigern eine Kraftsteigerung nachgewiesen. Auch Wirt, Atzor Schmidtbleicher (2007: 181) sagen aus, dass bei Einsteigern schon nach acht Wochen mit einem Zuwachs zu rechnen ist.

Das Ziel der zweiten Zyklusphase ist der Muskelaufbau. Nach Diemer und Sutor (2010: 2) kann hier schon nach sechs bis acht Wochen ein Trainingserfolg verzeichnet werden.

Aufbauend auf den vorherigen Mesozyklus, wird die Intensität im dritten Mesozyklus durch eine geringere Wiederholungsanzahl angepasst. Das Muskelaufbautraining nun in einer intensiven Phase und wird möglichst umfassend ausgereizt.

Im vierten Mesozyklus ist das Ziel die intramuskuläre Koordination zu verbessern. Da hier mit hohen Intensitäten trainiert wird, soll dieser Zyklus kurz gehalten werden, um Verletzungen zu vermeiden.

4 Trainingsplanung Mesozyklus

In einer tabellarischen Übersicht werden alle Angaben für die Trainingsplanung dargestellt

Tabelle 7: Trainingsplanung für den Mesozyklus

Zyklusdauer:	Spezifisches Trainingsziel:	Trainingseinheiten pro Woche:	Organisationform	Übungen pro Muskelgruppe	Sätze pro Übung:	Wiederholungs- anzahl:	Intensität	Bewegungs- tempo
6 Monate	Stärkung der Rückenmuskulatur	2 x wöchentlich	GK/Station	1-2	1-2	15	50-70%	2-0-2
Übung	Wdh.	1. Woche 50 % ILB	2. Woche 55 % ILB	3. Woche 55 % ILB	4. Woche 60 % ILB	5. Woche 60 % ILB	6. Woche 65 % ILB	7. Woche 65 % ILB	8. Woche 70 % ILB
Bauchmaschine	15								
Rückenstrecker	15								
Latzug	15								
Rudern am Gerät	15								
Rotationsmaschine	15								
Brustpresse	15								
Schulterseitheben	15								
Beinpresse	15								

Quelle: Eigene Darstellung

4.1 Begründung übergeordnetes Konzept

Für die genauere Betrachtung einer Trainingsplanung wird der erste Mesozyklus herangezogen. Das Training wird für die Person so konzipiert, dass es der Erreichung ihrer Trainingsziele dient. Es wird darauf geachtet, dass es zu keiner Überbelastung während des Trainings kommt. Daher sollte die Person mit Rückenbeschwerden zu Beginn eine niedrige Trainingsintensität wählen. Der Schwerpunkt im ersten Mesozyklus liegt auf den Maschinen. Zunächst ist es wichtig, dass die Person die Bewegungsausführung erlernt. Nach Eifler (2013: 53) stellt die korrekte Ausführung einen wichtigen Faktor dar, denn sie erlaubt es die Zielmuskulatur mit möglichst hoher Spannung zu belasten. Hinsichtlich des Ziels die Rückenmuskulatur zu stärken, dominieren im ersten Mesozyklus die Kraftübungen der Rückenmuskulatur. Überwiegend wurden eingelenkige Übungen gewählt. Dadurch entwickelt sich nach Bredenkamp (1993: 70) für Trainingseinsteiger eine Grundkraft.

4.2 Begründung Übungsauswahl

Rückenstreckermaschine: Überwiegend wird hier der Muskel Mm. erector spinae trainiert (Kopp und Voll 2006: 88). Durch dieses Training an der Maschine wird der untere Rücken der Person gezielt gestärkt. Gerade an der Maschine ist das Becken fixiert, womit der Mm. erector spinae gezielt trainiert werden kann.

Bauchmaschine sitzend: Die primär beteiligte Muskulatur ist der M. rectus abdominis (Kopp und Voll 2006: 68). Der Nutzen liegt hierbei in der Rumpfstabilisation. Aufgrund des Krafttrainings des unteren Rückens werden durch das Bauchtraining Dysbalancen vermieden.

Latzug an der Maschine: Hierbei findet eine Kräftigung des Muskels M. latissimus dorsi statt (Kopp und Voll 2006: 88). Durch dieses Training wird der größere Rückenmuskel gezielt gekräftigt. In Hinblick auf das Ziel Muskelwachstum ist diese Übung wichtig.

Rudermaschine: Die primären Muskeln sind der hintere Teil des Deltamuskels und der mittlere Teil des Kapuzenmuskels (Delavier 2001: 65). Bedingt durch die sitzende Tätigkeit des Klienten sollen Muskeln für die Haltung trainiert werden (Güllich und Schmidtbleicher 1999: 226).

Rumpfrotationsmaschine: Die primären Muskeln sind der M. obliquus externus abdominis, der M. obliquus internus abdominis und der M. transversus abdominis (Kopp und Voll 2006: 70). Da nach Weishaupt und Hofmann (1999: 60) die Wirbelsäule auch in der Transversalebene bewegt werden kann, wird auch die hauptverantwortliche Muskulatur trainiert.

Brustpresse: Der primäre Muskel ist der M. prectoralis major (Kopp und Voll 2006: 58). Für die gezielte Kräftigung des Oberkörpers wird die Brustmuskulatur trainiert. Als Einsteiger ist angedacht, die Person an einer geführten Maschine trainieren zu lassen.

Beinpresse sitzend: Die primären Muskeln sind der M. quadriceps femoris und der M. gultaeus maximus (Kopp und Voll 2006: 96). Aufgrund der Tatsache, dass die Person bei der Krafttestung Defizite der Muskelkraft in den Beinen aufzeigte, wird auch diese gezielt trainiert. Die Wahrscheinlichkeit für Bewegungsfehler bei Kniebeugen mit einer Langhantel ist für diese Person sehr hoch. Deshalb wird an der Maschine trainiert.

Beincurlmaschine sitzend: Die zu trainierenden Muskeln sind der M. biceps femoris, der M. semitendinosus, M. semimembranosus und der M.gratrocnemius (Kopp und Voll 2006: 108). Diese gelten als Antagonisten zum M. quadriceps femoris und werden zur Vermeidung von Dysbalancen trainiert.

5 Literaturrecherche

Für die Recherche nach zwei Studien wurde das Thema „Effekte des Krafttrainings bei Rückenbeschwerden" gewählt. Diese Studien wurden jeweils in einer Tabelle zusammengefasst dargestellt (Siehe Tabelle 8 und 9).

5.1 1. Studie

Tabelle 8: Effekte maschinengestütztes Krafttraining in der Behandlung chronischen Rückenschmerzes

Autor	A. Stephan, S. Goebel, D. Schmidtbleicher
Erscheinungsjahr	2011
Versuchspersonen	Zu Beginn insgesamt 92 Teilnehmer mit Rückenschmerzen Aufteilung in zwei Gruppen: 1. Trainingsgruppe: 80 Teilnehmer; Altersdurchschnitt: 44,37 Jahre 2. Kontrollgruppe: 16 Teilnehmer; Altersdurchschnitt: 44,88 Jahre
Versuchsaufbau	Zu Beginn wurden sowohl die Trainingsgruppe als auch die Kontrollgruppe am Messgerät Testgerät MedX Lumbar Extension in maximal sieben Winkelpositionen gemessen.

	Des Weiteren wurde die Beeinträchtigung durch Rücken-schmerzen auf einer MOS Skala "Effects of Pain" (EP) im Wertebereich von 0-100 ermittelt.
	Die zeitliche Vorgabe für beide Gruppen waren sechs Monate.
	Die Trainingsgruppe absolvierte ein Krafttraining an Maschinen. In den ersten drei Trainingseinheiten erfolgte die Einweisung durch qualifizierte Trainer. Es fand eine individuelle Trainingskontrolle bei Einheit 10 und 20 statt.
	Bei der Krafttestung lag der Mittelwert zum Startzeitpunkt bei 222,80 Nm. Bei der Schmerzskala wurde ein Mittelwert von 73,43 EP berechnet.
	Ziel: Funktions-und Strukturverbesserung der Muskulatur.
	Die Kontrollgruppe erhielt keine Trainingsmaßnahme. Auf der MOS Skala lag der Mittelwert bei 71,16 EP.
	Der Mittelwert der Krafttestung ergab 207,94 EP.
Relevante Ergebnisse/Schlussfolgerung	**Trainingsgruppe:**
	22 Teilnehmer brachen aus verschiedenen Gründen die Studie ab. Nach sechs Monaten bestand die Gruppe noch aus 58 Teilnehmern.
	20 Personen waren nach sechs Monaten schmerzfrei.
	Mit dem Testgerät MedX Lumbar Extension wurden in sechs Winkelpositionen Kraftzuwächse von 25,76 Nm, 28,74 Nm, 24,94 Nm, 23,58 Nm, 29,53 Nm und 34,91 Nm ermittelt. Die mittlere Beeinträchtigung durch Rücken-schmerzen verbesserte sich um 13,99 EP.
	Kontrollgruppe:
	In der Kontrollgruppe waren sechs Personen nach sechs Monaten schmerzfrei. In Hinblick auf die zweite Krafttestung wurde keine Veränderung festgestellt.
	Auf der MOS Skala konnte eine Verbesserung um 11,46 EP erreicht werden.
	Schlussfolgerung:
	Schlussfolgernd kann kein direkter Vergleich gezogen werden, da die Kontrollgruppe im Vergleich zur Trainingsgruppe zu wenig Teilnehmer hatte.

Quelle: Stephan et al. (2011)

5.2   2. Studie

Tabelle 9: Krafttrainning bei männlichen Polizeibeamten mit chronischen Rückenschmerzen

Autor	D. Kirchhoff, S. Kopf, I. Böckelmann
Erschei-nungsjahr	2015
Versuchs-personen	64 Polizeibeamte mit chronischen Rückenschmerzen. Aufteilung in zwei Gruppen. 1. Experimentalgruppe (EG): 32 Teilnehmer; Altersdurchschnitt: 45,3 Jahre 2. Kontrollgruppe (KG): 32 Teilnehmer; Altersdurchschnitt: 48,6 Jahre
Versuchs-aufbau	Die Gruppen wurden vor Beginn der Studie in drei Messverfahren ge-messen. Die erste Messung war die Kraftmessung der Rumpfmuskulatur (Extension, Flexion, Lateralflexion und Rotation). Die zweite Messung bezog sich auf das Angst-Vermeidungs-Verhalten mittels Fear-Avoid-Belief-Questionnaire (FABQ). Die letzte Messung war die Schmerzinten-sität mittels einer visuellen Analogskala (VAS). Die KG führte in 24 Einheiten ein Krafttraining durch. Die Einheiten wur-den in vier Therapiephasen mit unterschiedlichen Zeitumfängen aufge-teilt. Die EG führte neben dem Krafttraining noch eine psychologisch-pädagogische Intervention durch.
Relevante Ergebnis-se/Schlussf olgerung	Es wurde ein Vergleich zwischen KG und EG gezogen. Bei der Krafttestung gab es keine signifikanten Unterschiede. Bei dem Messverfahren FABQ verbesserte die KG von 38,0 auf 31,8 Punkte. In der EG konnte eine Verbesserung von 40,3 auf 25,6 Punkte festgestellt werden. Das letzte Messverfahren war die momentane Schmerzintensität. Hierbei wurde in der KG eine Verbesserung von 3,19 auf 0,97 festgestellt. In der EG verringerte sich die Schmerzintensität von 4,22 auf 0,66. **Schlussfolgerung:** In dieser Studie ist durch die gleiche Größenzahl der Gruppen ein direk-ter Vergleich möglich. Da beide Gruppen ein Krafttraining durchgeführt haben, lässt sich schlussfolgern, dass sich durch diese Maßnahme Rückenbeschwerden verbessern.

Quelle: Kirchhoff et al. (2015)

6 Literaturverzeichnis

Bös K (Hg.) (2017): *Handbuch Motorische Tests. Sportmotorische Tests, Motorische Funktionstests, Fragebögen zur körperlich-sportlichen Aktivität und sportpsychologische Diagnoseverfahren.* Zugriff am 07.05.2018 [Adobe Digital Editions] https://play.google.com/store/books/details?id=rek4DwAAQBAJ&rdid=book-rek4DwAAQBAJ&rdot=1&source=ge-web-app

Bredenkamp A (1994): *Das Trainerkonzept. Aufbau und Organisation von Fitneßkursen im Sportstudio.* Rödinghausen: Fitness Contur Verlag.

Delavier F (2002): *Muskelguide. Gezieltes Krafttraining. Anatomie.* München, Wien, Zürich: BLV Verlagsgesellschaft mbH.

Denner A (1999): Die Trainierbarkeit der Rumpf-, Nacken- und Halsmuskulatur von dekonditionierten Rückenschmerzpatienten. Manuelle Medizin. Springer, 37: 34-39.

Diemer F, Sutor V (2010): *Praxis der medizinischen Trainingstherapie II. Halswirbelsäule und obere Extremität.* Stuttgart: Georg Thieme Verlag KG.

Eifler C (2013): Empirische Überprüfung der Effekte verschiedener Ansätze zur Intensitätssteuerung im fitnessorientierten Krafttraining. Dissertation. Universität des Saarlandes. Saarbrücken.

Güllich A, Schmidtbleicher D (1999): Struktur der Kraftfähigkeiten und ihrer Trainingsmethoden. Deutsche Zeitschrift für Sportmedizin: 50, 7+8: 223-234.

Haupert M (2007): Zur Belastungsbestimmung im fitnessorientierten Krafttraining. Eine explorative Studie zur Methodik. Dissertation. Universität des Saarlandes. Saarbrücken.

Kirchhoff D, Kopf S, Böckelmann I (2015): Krafttrainingstherapie bei männlichen Polizeibeamten mit chronischen lumbalen Rückenschmerzen. Wirksamkeit psychologisch-pädagogischer Interventionen. Zentralblatt für Arbeitsmedizin, Arbeitsschutz und Ergonomie.

Kopp V, Voll MM (2006): *Fitness-Guide.* Marburg: KVM Dr. Kolster Produktions- und Verlags-GmbH.

Mancia G, Fagard R, Narkiewicz K, Redón J, Zanchetti A, Böhm M, Christiaens T, Cifkova R, De Backer G, Dominiczak A, Galderisi M, Grobbee DE et al. (2013): 2013 ESH/ESC Guidelines for the management of arterial hypertension. The Task

Force for the management of arterial hypertension of the European Society of Hypertension (ESH) and of the European Society of Cardiology (ESC). Journal of Hypertension 31: 1281-1357.

Pirlich M, Schwenk A, Müller MJ (2003): DGEM-Leitlinie Enterale Ernährung: Ernährungsstatus. Unter Mitarbeit von J. Ockenga, S. Schmidt, T. Schütz, O. Selberg, D. Volkert. Aktuel Ernaehr Med 28, 1: S10-S25.

Preuß P, Heiduk R (2011): Zirkel- versus Stationstraining. Für wen ist was geeignet?. trainer 1: 38-40.

Spring H, Dvorák J, Dvorák V, Schneider W, Tritschler T. Villiger B (2008): Theorie und Praxis der Trainingstherapie. Beweglichkeit – Kraft – Ausdauer – Koordination. Unter Mitarbeit von K. Egger, A. Pirlet, H. Probst. 3., unveränderte Auflage. Stuttgart, New York: Georg Thieme Verlag.

Stephan A, Goebel S, Schmidtbleicher D (2011): Effekte maschinengestützten Krafttrainings in der Behandlung chronischen Rückenschmerzes. Deutsche Zeitschrift für Sportmedizin 62, 3: 69-74.

Weishaupt P, Hofmann A (1999): Progressives dynamisches Krafttraining als Behandlungsmaßnahme bei Patienten mit chronischen Rückenschmerzen. Rückenzentrum Regensburg. Manuelle Therapie 3: 60-65.

Wirth K, Atzor KR, Schmidtbleicher D (2007): Trainingshäufigkeit beim Hypertrophietraining. Veränderungen der Muskelmasse in Abhängigkeit von Trainingshäufigkeit und Leistungsniveau. Deutsche Zeitschrift für Sportmedizin 58, 6: 178-183.

Zatsiorsky VM, Kraemer WJ (2006): *Krafttraining. Praxis und Wissenschaft.* Zugriff am 06.05.2018 [Adobe Digital Edition] https://play.google.com/store/books/details?id=GA5sDAAAQBAJ&rdid=book-GA5sDAAAQBAJ&rdot=1&source=gbs_atb&pcampaignid=books_booksearch_atb

Zimmer M (1999): Entwicklung und Erprobung eines Mehrwiederholungstests zur Erfassung der Kraftleistung im Fitneß-Training. Diplomarbeit. Universität des Saarlandes. Saarbrücken.

7 Abbildungs- und Tabellenverzeichnis

7.1 Abbildungsverzeichnis

7.2 Tabellenverzeichnis